*Dieses Buch ist meiner Familie
und Freunden gewidmet, und
den vielen, die es inspiriert
haben.*

*Ein ganz besonderes Dankeschön
an Susanne Bergmann für ihre
feine Übersetzung, Inspiration
und Unterstützung.*

ISBN: 1467938548
ISBN-13: 978-1467938549

Gedanken über das Leben

Von Michael F. Ring

Unterschiedliche Wege zu
Deinem Ziel nehmend,
wirst Du feststellen, dass
das Ziel keine Rolle spielt.

Anderen helfen formt den
Geist ebenso wie
körperliche Ertüchtigung
den Körper formt.

Ein Spaziergang im Regen
ist nicht schlecht einen
regnerischen Tag zu
verbringen.

Gott spricht zu denen, die zuhören.

Die Sonne scheint immer, ob wir sie sehen oder nicht.

Teilen ist genauso wichtig wie geben.

Die schnurrende Katze neben Dir erinnert Dich daran, dass das Leben gut ist.

Lehrer nutzen Bücher, um uns Wissen zu vermitteln. Gott nutzt unsere Erfahrungen, um uns Weisheit zu geben. Was wir lernen, liegt bei uns.

Stille lässt Dich Gott hören.

Du brauchst nicht viele Sachen, um das Leben zu genießen.

Manchmal ist nichts sagen besser als mehr sagen als man sollte.

Leere Warterei zehrt das Leben aus der Seele.

Du brauchst keinen
Grund jemanden zu
umarmen oder zu lieben.

Wenn sich jemand Zeit
nimmt etwas für sie
wichtiges mit Dir zu
teilen, solltest Du Dir die
Zeit nehmen zuzuhören.

Der beste Lehrer ist ein
Kind oder ein guter
Schüler.

Schätze jeden Atemzug
frischer Luft.

Ohne Belohnung eine gute
Tat zu tun, ist immer
noch eine gute Tat tun.

Erwarte nicht von
Anderen nett zu Dir zu
sein, wenn Du nicht
zuerst nett zu ihnen bist.

Nichts ist wirklich geheim, wenn Du erraten kannst, was es ist.

Wenn Du Gott zuhörst, wirst Du Dich nicht wundern, was gesagt wird.

Wenn Du kochst, sei nicht faul oder schlampig. Die unvergesslichsten Mahlzeiten sind die, die mit Liebe und Sorgfalt bereitet wurden.

Das Richtige tun ist nicht
immer einfach, aber Du
wirst es nicht bereuen.

Es läuft nicht immer alles,
wie wir es wollen, aber
das ist gut, weil wir sonst
wirklich verwöhnt wären,
wenn es liefe.

Die beste Musik ist
gefühlt, nicht gehört.

Ändern die Worte eines
Propheten die Zukunft?

Der Pfad, auf dem Du
bist, führt nicht nur
vorwärts.

Die wertvollste Bildung
ist die, die Du nutzen
kannst.

Das Lächeln auf Deinem
Gesicht ist eine Spiegelung
derer, die um Dich herum
sind.

Genieße den Sonnenschein,
weil er Dein Gesicht
wärmt. Schätze den
Regen, weil er Dir Leben
gibt. Und liebe die Welt,
weil Du ein Teil von ihr
bist.

Die Vergangenheit sollte
uns Weisheit und gute
Erinnerungen geben,
nicht mehr.

Wahre Nachrichten von
Gott sind in Deinem Geist
geschrieben, wenn wir sie
zu wissen wählen.

Thanksgiving wird das
ganze Jahr gefeiert, von
denen die wirklich
dankbar sind.

Harte Abreit ist
einfacher, wenn Du sie
genießt.

Die außergewöhnliche
Person ist eine
Durchschnittsperson, die
beschlossen hat anders zu
sein.

Die kleinste Nettigkeit ist
häufig die am meisten
geschätzte.

Wenn Du eine
Umarmung bekommen
hast, vergiss nicht sie
zurück zu geben.

Teile Fröhlichkeit, gutes
Glück und gute
Erinnerungen.

Versuche das Neue Jahr
wie einen neuen Tag zu
beginnen, frisch, mit Liebe
und einem Lächeln.

Wenn Du führst, bereite
einen guten Pfad für die,
die Dir folgen werden.

Wenn jemand einen
verschlossenen Geist hat,
zählen seine Ohren und
Augen nicht, und sein
Mund sollte auch
geschlossen bleiben.

Denke daran für die da
zu sein, die für Dich da
sind.

Frühling ist der beste
nach einem kalten
Winter.

*Frag nicht, ob Du helfen
kannst, hilf einfach.*

----

*Des Lebens schwierigste
Entscheidungen beziehen
gewöhnlich ein
abzuwägen was später
passieren wird.*

----

*Geduld ist jemandes
Selbstlosigkeit mit Dir
und Anderen.*

Sonntagseinkauf und
Fernsehen haben die
meisten Sonntagsessen
abgelöst.

Wenn der Mensch so
schlau ist, warum lernen
wir dann so viel von
Gottes Geschöpfen?

Manchmal brauchen
Engel Hilfe, Dich zu
finden... hilf ihnen indem
Du selbst ein Engel bist.

Trete heraus aus Deinen
eigenen Begrenzungen
und Du kannst alles tun.

Ratschlag von denen
gegeben, die sich
kümmern und wiederholt
von denen, die lieben ist
wertvoll und sollte
respektiert werden.

Nur wenn Du Deine
Augen schließt, kannst Du
sagen ob Dein Schmerz
von innen oder außen
kommt.

Die besten Worte auf
einer Seite führen zu
kraftvollen Gedanken im
Geist.

Nichtigkeit ist genauso
schwer nachzuvollziehen
wie Endlosigkeit.

Alles, was Du tust, wird
ein Teil von Dir.

Gib niemals auf, aber wisse, wenn Deine Anstrengungen woanders besser genutzt sind.

Vögel fliegen überall, wo Luft ist. Fische schwimmen, wo Wasser ist. Wir sollten schätzen, was wir tun können.

Du musst nichts besitzen, wenn Du von Dir selbst gibst.

Manchmal ist es einfach besser voran zu gehen als zu versuchen heraus zu finden was passiert ist.

Bemerke, woran Du vorbei gehst und sei Teil von dem, was um Dich ist.

Arbeite hart, spiele hart, aber vergiss nicht auszuruhen.

Danke denen, die Dir helfen. Und hilf denen, die es nicht tun.

Deinem Leben Würze zu geben funktioniert nur, wenn das Grundrezept gut ist.

Es gibt keinen Bedarf Deine Segenswünsche zu zählen, wenn Du Dich gesegnet fühlst.

Geld kann Glück kaufen,
wenn Du es an jemanden
weg gibst, der es schätzt.

Was Du heute tust,
könnte ändern, was Du
morgen tun kannst.

Frag nicht, warum Du
etwas tun solltest.... frage
stattdessen warum nicht?

Wenn Du alles schwarz
oder weiß siehst, verpasst
Du alle Farben.

Du brauchst kein Geld
oder Besitztümer um ein
guter Mensch zu sein.

Nur weil Du etwas tun
kannst, heißt das nicht,
dass Du solltest.

Wenn Du in den Spiegel
guckst, siehst Du Dein
wahres selbst?

Gründe Dein Leben nicht
auf Deinen Meinungen.

Weisheit ist Wissen
kombiniert mit
Erfahrung.

Lebe jeden Tag selbstlos.

Ich mache das morgen
sagend, könnte Dich
abhalten heute erfolgreich
zu sein.

Wenn Dir jemand auf die
Zehen tritt, müsstest Du
vielleicht gucken, wo Du
hingehst.

*Zu viel einer guten Sache
ist möglicherweise eine
schlechte Sache.*

---

*Es ist nicht so sehr, was
Du gelernt hast, als es ist,
was Du damit getan hast.*

---

*Erinnere Dich an die
wichtigen Dinge.*

Liebe kann nicht ohne
Vergebung existieren.

Starte den Tag mit einem
Lächeln und üblicherweise
folgt Fröhlichkeit.

Wenn Du auf Dein
Gesicht fällst, kannst Du
immerhin sehen, wo Du
landest.

*Kinder lehren Dich
wichtige Dinge, die Du
vergessen hast.*

----

*Ein Gebet braucht keine
Worte.*

----

*Der Weiseste zeigt die
meiste Geduld.*

Wenn Du Dich
entscheidest etwas zu tun,
gib anderen nicht die
Schuld für das Ergebnis.

Folge dem Lachen um
Fröhlichkeit zu finden.

Fühle schön und sei schön.

*Nimm nicht an, dass
Leute das richtige tun,
aber setze in jedem Fall
ein Beispiel.*

----

*Jugend sollte Erfahrung
respektieren, während das
Alter neue Ideen
respektieren sollte.*

----

*Sei wer Du bist, nicht
jemand anders.*

Gute Unterhaltung macht
eine gute Mahlzeit
unvergeßlich.

Um Dein Leben zu
ändern, musst Du die
Gelegenheit nutzen.

Erinnere Dich daran, dass
Du auch eins von Gottes
Geschöpfen bist.

Berühre den Geist und
berühre das Herz.

Dein Lachen sollte die um
Dich herum lächeln
lassen.

Stolz und Dummheit
gehen Hand in Hand.

Freier Wille bedeutet, Du kannst tun, was Du willst, aber nicht ohne Konsequenzen.

Ein wahrer Freund wird sich immer kümmern und vergeben.

Finde einen Nutzen für die Unordnung in Deinem Leben und werde sie los.

Wenn Du immer das
Richtige tust, wird
eventuell irgendwann
etwas Gutes daraus
entstehen.

Die Wahrheit in Gottes
Nachricht braucht keine
Übersetzung.

Wenn Du fühlst, Du
kannst nicht weiter gehen
ist es vielleicht Zeit die
Richtung zu ändern oder
eine Pause einzulegen.

Heute bedeutet etwas für
jemanden.

Du brauchst keine
Gelegenheit jemandem ein
Lächeln zu schenken.

Katzen sind kitzlig, aber
haben keinen Sinn für
Humor.

Nicht das Falsche zu tun,
ist nicht das gleiche wie
das Richtige zu tun, es ist
eher das gleiche wie nichts
zu tun.

Sei immer dankbar.

Güte und Gnade mögen
Dir folgen, sind aber am
besten getragen in
Deinem Herzen.

*Das Ende kann ein Start
für einen neuen Anfang
sein.*